Scriptura crescit cum legente

Coltivare la Parola - 3

Della stessa Autrice presso Paoline Editoriale Libri:

Dolce è lodarlo, 1995
I Salmi canto di Cristo e della Chiesa, 1997
Nel mistero della gratuità, 1998
Sì, Padre!, 1999
Parole di vita (collana di dieci volumetti di meditazioni a tema sul Vangelo: misericordia, amicizia, vita nuova, sequela, gratitudine, gioia, amore, pace, fedeltà, consolazione), 2001-2002
Ogni giorno sorgerà il sole, 2002^{2}
Il deserto diventerà giardino, 2003
Con Maria sulla via luminosa della Croce, 2003
Nel cuore di Maria, 2003^{2}
L'adorazione eucaristica, 2003

Anna Maria Cànopi

QUESTA PARABOLA LA DICI PER NOI?

Lectio divina sulle parabole della misericordia

Paoline

In copertina: La parabola del buon Samaritano, Codice De Predis (sec. XV), Biblioteca Reale, Torino.

PAOLINE Editoriale Libri

Via Francesco Albani, 21 - 20149 Milano
http://www.paoline.it
e-mail: edlibri.mi@paoline.it
Distribuzione: Diffusione San Paolo s.r.l.
Corso Regina Margherita, 2 - 10153 Torino

Introduzione

Ci accade di essere ogni giorno sotto una continua tempesta di parole e di messaggi che difficilmente raggiungono il nostro cuore. Queste pagine ci aiutano a metterci in ascolto della Parola essenziale: il Vangelo. Gesù ci attende per parlarci del Padre. Lui solo, disceso dal cielo come buon Samaritano per prendersi cura dell'umanità ferita a morte, ha parole di vita eterna. E le parabole fiorite sulle sue labbra sono lì, sempre vive, sempre nuove, pronte a coinvolgerci in una storia di cui ciascuno di noi si scopre protagonista. Qui finalmente troviamo realtà che ci riguardano, che vanno al cuore di ogni esistenza umana con il suo anelito insopprimibile di amore, di verità e di pace.

È dolce allora riconoscersi amati da quel Padre misericordioso che ripone una sconfinata fiducia nell'uomo e mai si rassegna a saperlo lontano e perduto. Come buon Pastore egli, infatti, valica monti e dirupi per rintracciare quell'unica pecorella – ognuno di noi – che si è smarrita.

Soffermandoci su queste sante pagine, possiamo gustare il sapore di Cristo e attingervi una forza nuova che ci permetta di guardare noi stessi e gli altri con occhi trasfigurati. Nessuno ci può restare indifferente. L'amore da cui ci sentiamo afferrati ci rende a nostra volta prossimi di ogni fratello, buoni pastori gli uni degli altri, per ricondurci alla casa del Padre dove fare festa tutti insieme: fratelli minori e maggiori, entrambi arresi davanti a quell'unico fontale Amore che sa pazientare perché ciascuno gusti la gioia di essere perdonato e di perdonare.

Le pagine di *lectio* riportate in questo volumetto – riguardanti le parabole della misericordia – non sono uno studio esegetico, ma vogliono semplicemente comunicare riflessioni, sentimenti, emozioni suscitate nel cuore di chi le ha a lungo meditate. Sono in un certo senso una risposta alle parole di Gesù, quasi un continuare con lui una conversazione piena di riconoscenza e animata dal desiderio di imparare a vivere il lieto messaggio che le parabole ci offrono.

La comunità monastica
dell'Abbazia Benedettina «Mater Ecclesiæ»

SI MOSSE A COMPASSIONE...

Il buon Samaritano

(Luca 10,25-37)

Nel cuore del Vangelo secondo Luca, al capitolo decimo, troviamo la parabola del buon Samaritano, che ci svela il volto compassionevole di Dio. Leggendo il racconto nel suo contesto, emerge subito un aspetto molto importante: ci si trova immersi in una realtà traboccante di amore e pervasa di gratuità, dove tutto accade sotto la regia dello Spirito Santo. Infatti appena prima si incontra Gesù che, esultando nello Spirito, ringrazia il Padre per aver rivelato ai piccoli il suo mistero e averli accolti nel suo seno; subito dopo c'è la fragranza della casa ospitale di Marta e Maria, icona dell'amore gratuito, tutto dedito al servizio e all'ascolto adorante, allo stare con il Signore. Tra l'uno e l'altro momento, quasi a unirli, ecco la domanda del dottore della legge, che offre a

Gesù l'occasione per narrare una nuova parabola:

« Un dottore della legge si alzò per metterlo alla prova: "Maestro, che devo fare per ereditare la vita eterna?". Gesù gli disse: "Che cosa sta scritto nella Legge? Che cosa vi leggi?". Costui rispose: "Amerai il Signore Dio tuo con tutto il tuo cuore, con tutta la tua anima, con tutta la tua forza e con tutta la tua mente e il prossimo tuo come te stesso". E Gesù: "Hai risposto bene; fa' questo e vivrai" » (Lc 10,25-28).

Il dottore della legge dimostra di essere ben istruito; la risposta teorica è esatta. Ma Gesù già comincia a portarlo su un altro piano, quello della vita pratica: *per ereditare la vita eterna* non basta conoscere la Parola di Dio, bisogna anche tradurla in azione. Ecco il rapporto con il prossimo quale banco di prova.

« Ma quegli, *volendo giustificarsi*, disse a Gesù: "E chi è il mio prossimo?" » (v. 29).

Il dottore della legge voleva mettere alla prova Gesù; la risposta di Gesù ribalta la prova verso di lui, che ora si trova messo alle strette. Cerca perciò di difendersi, di resistere, di prendere tempo, ponendo la seconda domanda nella quale si rivela l'animo di un legalista a cui interessa di più l'osservanza della legge che il compimento del comandamento dell'amore.

Il dottore della legge continua dunque a stare sul piano teorico e legale, mentre Gesù lo vuole portare sul piano pratico ed esistenziale. Abituato alla casistica, il dottore domanda di distinguere tra tutti gli uomini chi deve considerare «suo» prossimo per sapere – di conseguenza – a chi accordare la propria benevolenza. Gesù rompe tutte le dighe e parla di un amore che è come un fiume straripante e non esclude nessuno, un amore che non fa distinzioni, perché ogni uomo è prossimo. E per farsi ben comprendere comincia a raccontare la parabola:

«*Un uomo* scendeva da Gerusalemme a Gerico...» (v. 30).

Un uomo: Gesù non dice di quale nazionalità, di quale ceto sociale, neppure lo chiama per nome. *Un uomo* vuol dire *l'uomo,* tutta l'umanità e ogni singola persona in condizione di bisogno.

«... e incappò nei briganti che lo spogliarono, lo percossero e poi se ne andarono, lasciandolo mezzo morto» (v. 30).

Assalito dai briganti, spogliato, percosso, lasciato mezzo morto, l'uomo giace sul ciglio della strada. Il legalista vorrebbe andare a prendergli la carta d'identità, i documenti, vedere di chi si tratta e poi decidere a chi affidare il caso, secondo precise pertinenze. Proseguendo il suo racconto, Gesù mostra come di fatto i primi che passano accanto al malcapitato si comportano proprio così:

«*Per caso*, un sacerdote scendeva per quella medesima strada e quando lo vide *passò oltre* dall'altra parte. Anche un levita, giunto in quel luogo, lo vide e *passò oltre*. Invece un Samaritano, che era in viaggio, *passandogli accanto* lo vide e ne ebbe compassione» (vv. 31-34).

Per caso... Anche questo particolare non va trascurato; indica un incontro fortuito, ma, nello stesso tempo, provvidenziale. Chi passa non ha previsto di imbattersi in una situazione simile, il suo viaggio non sopporta indugi, tuttavia quel fatto lo chiama in causa.

Passano dapprima un sacerdote e un levita: vedono, si tirano dall'altra parte della strada, non volendo assolutamente lasciarsi coinvolgere. Ritengono infatti che non spetti loro fermarsi, anzi, secondo le leggi della purità rituale, ciò potrebbe costituire un ostacolo allo svolgimento delle funzioni religiose proprie del loro stato.

Sulla stessa strada passa anche un Samaritano che ha pure fretta, ma egli, vedendo quell'uomo, gli si accosta e ne ha *compassione*.

I primi due vedono il pover'uomo, ma si tengono a distanza; il samaritano, *invece*, passandogli accanto, gli si fa vicino ancora di più e lo guarda bene fino a provarne compassione, fino a lasciarsi coinvolgere. Per questo non può più andare oltre, non può più abbandonarlo.

«Gli si fece vicino, gli fasciò le ferite, versandovi olio e vino; poi, caricatolo sopra il suo giumento, lo portò a una locanda e si prese cura di lui. Il giorno seguente, estrasse due denari e li diede all'albergatore, dicendo: Abbi cura di lui e ciò che spenderai in più, te lo rifonderò al mio ritorno» (vv. 34-35).

Mette a disposizione tutto quello che ha – la sua provvista di olio e di vino per il viaggio – per prestargli i primi soccorsi e poi lo prende con sé. Di più non poteva lasciarsi coinvolgere: si ferma, lo assiste, gli fascia le piaghe, gli dedica il suo tempo, lo lascia entrare pienamente nella sua vita; pur di soccorrerlo, non esita a cambiare i suoi programmi. Neppure lui, infatti, aveva previsto di fare quell'incontro e certamente se era in viaggio aveva una meta da raggiungere, aveva forse compiti urgenti. Ma tutto questo diventa secondario.

Dopo aver trascorso la notte in una locanda con quello sconosciuto, ormai diventato *suo prossimo*, il giorno seguente lo affida all'albergatore e si propone di ritornare e di saldare il conto se si dovrà spendere di più per prendersi cura di lui. Ormai quel viandante ferito è entrato talmente nella sua vita da non farlo esitare a suscitare attorno a lui l'attenzione anche di altre persone che siano, in certo modo, un prolungamento della sua stessa sollecitudine. Eppure non sa neppure chi sia quest'uomo; nemmeno conosce il suo nome. Sa soltanto che è un povero trovato in condizione di estremo bisogno di essere soccorso. Questo solo titolo vale per il Samaritano più di ogni altro possibile documento di identificazione.

Concludendo la parabola, Gesù pone la seconda domanda al dottore della legge:

« "Chi di questi tre ti sembra sia stato il prossimo di colui che è incappato nei briganti?". Quegli rispose: "Chi ha avuto compassione di lui". Gesù gli disse: "Va' e anche tu fa' lo stesso" » (vv. 36-37).

Anche tu, dottore della legge, impara dal Samaritano, da quello straniero, da quell'eretico (così, infatti, i Samaritani erano ritenuti dai giudei); impara ad avere compassione, a riconoscere il tuo prossimo in ogni uomo che ha bisogno di te. Chi non è deciso a esporsi a tutte le conseguenze dell'amore – che è oblatività, dono di se stessi per gli altri – non sa riconoscere il suo prossimo, perciò rimanda sempre, ritiene di non essere mai in dovere di impegnarsi per qualcuno, cerca sempre le ragioni per evitare di lasciarsi coinvolgere...

All'inizio il dottore della legge aveva chiesto a Gesù: «*Chi è il mio prossimo?*»; ora Gesù gli dà una risposta che gli gira la domanda e capovolge la prospettiva: Sei tu – gli dice – che devi farti prossimo a qualsiasi uomo; allora ti accorgerai che ogni uomo è tuo fratello, e ha diritto a essere amato da te.

Il dovere di andare verso il fratello non è questione di legge: è un'esigenza sentita nell'intimo del cuore. Non si può calcolare, distinguere chi amare e chi non amare. Se si fanno selezioni, è segno che si vogliono creare con gli altri relazioni che non comportino alcuna perdita di se stessi. Al contrario, quando si ama secondo il comandamento di Dio, ci si impegna totalmente, ci si dona fino a perdersi.

Dio stesso, in Gesù, si è fatto prossimo a noi; si è chinato a soccorrere l'umanità, e nello stesso tempo egli si identifica con l'uomo ferito e bisognoso di soccorso (cfr. Mt 25,11 ss.): si fa prossimo che soccorre e prossimo da soccorrere.

Il comandamento dell'amore è universale, non ha limiti né frontiere; se uno ama veramente Gesù, non solo non può odiare nessuno, ma non può neppure escludere qualcuno dal suo amore; l'estraneità non è compatibile con la vita cristiana:

«Voi non siete più stranieri né ospiti, ma siete concittadini dei santi e familiari di Dio» (Ef 2,19).

Da sempre Dio si è fatto buon Samaritano dell'umanità ferita dal peccato, smarrita nelle tenebre del male, incapace di risollevarsi e riprendere il suo cammino. La storia di questa vicinanza è remota; inizia quando egli scelse per sé un popolo, lo liberò dalla schiavitù, lo guidò alla terra promessa; poi, inviando il Figlio, entrò direttamente nella nostra storia; si incarnò per essere l'Emmanuele, il Dio-con-noi. Egli ripete incessantemente al cuore di ogni uomo:

«Ascoltatemi, casa di Giacobbe
voi, portati da me fin dal seno materno,
sorretti fin dalla nascita.

Fino alla vostra vecchiaia
io sarò sempre lo stesso,
io vi porterò fino alle canizie.
Come ho già fatto, così io vi sosterrò,
vi porterò e vi salverò» (Is 46,3-4).

Cristo è il buon Samaritano che carica sulle proprie sacre spalle tutta l'umanità, e non in una circostanza soltanto, non solo in momenti di particolare pericolo, ma per sempre, con eterna fedeltà; lo fa personalmente, senza calcolare la fatica, senza rinfacciare l'ingratitudine; lo fa con quell'amore più grande, con quell'amore «eccessivo» (cfr. Ef 2,4) che trova vie sempre nuove per raggiungere i più lontani e aprirsi una breccia nei cuori più induriti. È ancora il profeta Isaia che afferma:

«Non un inviato né un angelo,
ma egli stesso li ha salvati;
con amore e compassione
egli li ha riscattati,
li ha sollevati e portati su di sé,
in tutti i giorni del passato» (Is 63,9).

Questa parola profetica si è realizzata in pienezza proprio quando Gesù, che si è caricato del nostro peccato, lo ha inchiodato alla croce insieme al suo santissimo corpo. L'apostolo Pietro nella sua prima lettera scrive:

«Anche Cristo patì per voi,
lasciandovi un esempio,
perché ne seguiate le orme:
egli non commise peccato
e non si trovò inganno sulla sua bocca,
oltraggiato non rispondeva con oltraggi,
e soffrendo non minacciava vendetta,
ma rimetteva la sua causa
a colui che giudica con giustizia.
Egli portò i nostri peccati nel suo corpo
sul legno della croce,
perché, non vivendo più per il peccato,
vivessimo per la giustizia;
dalle sue piaghe siete stati guariti.
Eravate erranti come pecore,
ma ora siete tornati al pastore
e guardiano delle vostre anime»
(1Pt 2,21b-25).

La parabola si svela chiaramente: è Gesù stesso il viandante assalito e ferito a morte dai briganti. Sono i nostri peccati a trapassargli il cuore come una spada. Eppure con la sua morte egli ci ha caricati su di sé e ci ha portati alla locanda della salvezza, della felicità. Ha versato – e continuamente versa – su di noi il suo olio, il suo vino, ossia i sacramenti della guarigione, della salvezza. A tal punto ci ha amati! Ha amato l'uomo, senza escludere nessuno. Per tutti il suo sangue è stato versato e a tutti vuole donare l'olio della letizia, il balsamo salutare.

Egli si è fatto prossimo a noi in questo modo, fino a questo estremo limite, e ci dice di imitarlo per trovare piena felicità, per conoscere una gioia altrimenti irraggiungibile: la gioia di essere tutti insieme ristabiliti nella comunione con Dio, resi partecipi della sua stessa vita.

Sapendo che noi siamo stati portati da lui e che siamo sempre il peso della sua croce, con lui ci facciamo carico gli uni degli altri, secondo l'esortazione dell'apostolo Paolo: «*Portate i pesi gli uni degli altri, così adempirete la legge di Cristo*» (Gal 6,2).

Non vige più la legge del dottore d'Israele che metteva alla prova Gesù, ma la legge nuova di Cristo, che è amore e dona la capacità di dimenticare se stessi. Non c'è vera compassione se non si esce da se stessi e non ci si mette al posto dell'altro. Bisogna essere vuoti di sé per accorgersi che gli altri esistono accanto a noi e per lasciarli entrare nella nostra vita.

La vera compassione comincia quando, non soffrendo più a causa di se stessi, si diviene capaci di portare le sofferenze altrui.

In questa conversione radicale c'è anche la vera salvezza per noi, la guarigione da tanti mali che nascono dal ripiegamento su di sé, dal vittimismo e da tutte quelle malattie dello spirito che causano tristezza.

Dobbiamo inoltre essere certi che se noi abbiamo cura degli altri, gli altri avranno cura di noi, perché la carità è un bene effusivo; l'amore suscita altro amore, risveglia nel cuore l'energia divina che ci è stata donata (cfr. Rm 5,5) e che, a causa delle nostre trascuratezze, si affievolisce.

C'è un racconto dei Chassidim, che ha tante analogie con la parabola del buon Samaritano:

«Rabbi Sussja arrivò una volta a una locanda e vide sulla fronte dell'oste i peccati di molti anni. Per un poco rimase silenzioso e immobile, ma quando fu solo nella stanza che gli era stata assegnata, mentre cantava i salmi l'assalì il brivido della compartecipazione ed esclamò: "Sussja, cattivo Sussja, che hai fatto! Non c'è menzogna che non ti abbia sedotto, e non misfatto che tu non abbia gustato! Sussja, folle, traviato, che ne sarà di te?". Ed enumerò i peccati dell'oste, ciascuno col luogo e il tempo in cui era stato commesso, come se fossero suoi, e pianse. L'oste aveva seguito segretamente l'uomo singolare; stava dietro la porta e sentì quel che diceva. Prima fu preso da un sordo stupore, poi il pentimento e la grazia lo illuminarono ed egli si destò a Dio» (Martin Buber, *I racconti dei Chassidim*, Garzanti, Milano 1985, p. 286).

La coscienza dell'oste si svegliò a Dio, quindi si convertì, perché Sussja si era caricato dei suoi peccati e li aveva confessati come propri piangendo davanti a Dio misericordioso. Bellissimo!

L'amore vero per gli uomini è capacità di intuire di che cosa hanno bisogno e di portare la loro pena. Tutti, in Cristo, siamo costituiti buoni Samaritani, ma proprio perché tutti abbiamo avuto e abbiamo sempre, ogni giorno, Cristo stesso quale nostro buon Samaritano. Quando ci presenteremo davanti a lui per il giudizio finale, ci chiederà proprio se l'abbiamo riconosciuto nell'uomo che giaceva sul ciglio della strada mezzo morto e se ci siamo caricati di lui. E se lo avremo fatto, vedremo allora a viso scoperto colui che ci ha raccolti e caricati su di sé, per portarci nella locanda del Padre, nella tenda del suo Regno.

O Misericordioso che piangi con noi
fin dalle prime lacrime di Adamo ed Eva,
sciogli con il tuo sguardo
ogni durezza del nostro cuore.
Rendici capaci di ricevere e dare

la tua divina compassione.
Tu sei venuto tra gli uomini
nudo e umiliato,
povero e malato,
solo e rifiutato.
Non lasciare che ti passiamo accanto
senza guardarti,
non lasciare che ti viviamo accanto
senza riconoscerti e amarti.
Tu, o Misericordioso,
sei colui che porta il nostro peccato,
tu asciugherai i nostri occhi teneramente
fino all'ultima lacrima
per tramutare in gioia di salvezza
tutto l'umano pianto. Amen.

LasciaLo ancora quest'anno...

Il fico sterile

(Luca 13,1-9)

Gesù è intento ad ammaestrare una grande folla che fa ressa intorno a lui: abbandono alla divina provvidenza e vigilanza sono gli argomenti fondamentali del suo discorso. All'improvviso, però, egli viene interrotto da alcune persone che sopraggiungono ad annunziare un terribile fatto di cronaca e a sottoporgli uno sconcertante interrogativo. Mentre compivano i sacrifici nel tempio, alcuni Galilei erano stati barbaramente uccisi per ordine di Pilato, probabilmente perché autori di una sommossa in segno di protesta contro la sua decisione di utilizzare il tesoro del tempio per costruire un acquedotto.

Subito tra la gente nascono commenti, si cerca una causa all'accaduto e con facilità si conclude: « Forse se lo meritavano... ». Gesù prende allora la parola.

«Credete che quei Galilei fossero più peccatori di tutti i Galilei, per aver subito tale sorte? *No, vi dico, ma se non vi convertite, perirete tutti allo stesso modo*» (vv. 2-3).

Torna inoltre alla memoria anche un altro incidente che aveva sconvolto la popolazione: il crollo della torre di Sìloe sotto la quale erano morte molte persone. « Perché? »; è ancora la domanda che nuovamente affiora sulle labbra della gente. E Gesù risponde allo stesso modo:

« Quei diciotto, sopra i quali rovinò la torre di Sìloe e li uccise, credete che fossero più colpevoli di tutti gli abitanti di Gerusalemme? *No, vi dico, ma se non vi convertite, perirete tutti allo stesso modo* » (vv. 4-5).

Mistero della storia in cui è nascosto il disegno di Dio! Non possiamo in nessun modo giudicare; ciascuno deve guardare a se stesso e, se vuole vivere, deve separarsi dalla morte che è il peccato. La vita sta nella conversione, nel tornare a Dio, fonte da cui tutto scaturisce.

Secondo la mentalità comune, quando si parla di conversione si pensa a chi abbraccia il cristianesimo provenendo da un'altra religione oppure a chi, pentito della sua precedente condizione di vita pubblicamente peccaminosa, fa ritorno al Vangelo e alla Chiesa. Ma dobbiamo renderci conto che tutti siamo dei convertiti ancora in via di conversione. Convertirsi, infatti, fa parte della nostra condizione umana, perché siamo sempre bisognosi di orientarci di più a Dio e di camminare verso di lui senza deviare per altre strade; abbiamo sempre bisogno di purificare il nostro cuore, di rettificare la nostra coscienza. E quando questa, sotto la spinta delle tentazioni, si offusca e si assopisce, rischiando di perdere la capacità del giusto discernimento tra il bene e il male, Dio stesso interviene in molti modi – attraverso avvenimenti, incontri, esperienze particolari di grazia – richiamando e ammonendo per esortarci alla conversione.

Convertirsi è dunque rivolgersi totalmente al Signore, con il cuore, con la mente, con tutto l'essere, per camminare tenendo fisso lo sguardo su di lui e l'orecchio attento alla sua parola. Convertirsi significa dunque imparare a conoscere Dio, fare esperienza di chi egli è per noi. E in questa conoscenza si percepisce insieme la sua grandezza e tutta la nostra indegnità: davanti a lui, il tre volte Santo, l'uomo sente di essere peccatore, nient'altro che peccatore. L'abisso sarebbe incolmabile se Dio non fosse però anche Misericordia e non rivelasse proprio al peccatore questo suo volto, che rimane sconosciuto a chi si ritiene giusto.

Il cammino di conversione, allora, non è più un'ardua salita da compiere da soli; davanti a noi si pone come guida Gesù stesso; è lui che ci porta fuori dalla schiavitù del peccato se gli prestiamo ascolto e mettiamo in pratica quanto ci dice:

«Dio, che aveva già parlato nei tempi antichi molte volte e in diversi modi ai padri per mezzo dei profeti, ultimamente, in questi giorni, ha parlato a noi per mezzo del Figlio» (Eb 1,1-2).

Di generazione in generazione, Dio ha parlato, ha fatto conoscere la sua volontà, e continua a parlare a noi per mezzo del suo Figlio che è la sua Parola vivente, la sua Parola di amore, attraverso la quale accoratamente richiama i figli sbandati per ricondurli a casa.

È una grande responsabilità ascoltare o non ascoltare questa Parola – il Vangelo – e seguire o non seguire questa voce. Se già per l'antica Alleanza – annota ancora l'Autore della lettera agli Ebrei – la parola trasmessa per mezzo degli angeli e dei profeti si è dimostrata salda, e ogni trasgressione e disobbedienza ha ricevuto una giusta punizione, come potremo noi sottrarci al castigo, se trascuriamo una salvezza così grande quale ci è data per mezzo del Figlio (cfr. Eb 2,2-3)?

Gesù è la Parola che ri-crea perché salva offrendo se stesso in sacrificio. Infatti, dice l'Apostolo, Cristo è stato fatto peccato per noi (cfr. 2Cor 5,21), cioè si è caricato di tutto il peccato del mondo e per espiarlo ha abbracciato la croce, si è immerso nelle tenebre della morte. Ma poiché questo suo abbassarsi era atto di amore infinito, da quell'abisso è risalito come luce che illumina il mondo e lo fa risorgere.

Perciò della sua umiliazione non dobbiamo vergognarci, ma gloriarci; e il modo più autentico per farlo non sono i discorsi e le acclamazioni, ma l'impegno della conversione, sapendo che la nostra dignità consiste proprio nel riconoscerci peccatori e nel fare penitenza, unendoci a Cristo, al suo mistero di passione, morte e risurrezione.

Ogni mattino al risveglio, insieme con il segno della croce, dovremmo fare un proposito e dire a noi stessi: «Oggi ricomincio a convertirmi!». «*C'è una voce –*

diceva un anziano monaco del deserto – *che grida all'uomo fino all'ultimo respiro: oggi convertiti*». È la voce di Cristo, la voce del suo Spirito, che nell'oggi di grazia, nel tempo favorevole per la salvezza, grida: «Convertiti, deciditi a convertiti sempre di più, a rivolgerti sempre di più con il cuore e con la mente al Signore distogliendoti da tutto quello che ti tiene lontano da lui».

Convertirsi significa cambiare vita. La vita dell'uomo si perfeziona in un continuo cambiamento, che non è instabilità e irrequietezza, ma rinascita. La conversione comporta infatti il morire a se stessi, a quello che Paolo chiama l'«uomo vecchio», schiavo del peccato, perché possa crescere l'uomo nuovo, che è il Figlio di Dio generato in noi mediante il battesimo.

Ogni cristiano deve rinnegare il vecchio uomo che ha in sé e partecipare ai patimenti di Cristo. Crocifisso con lui, con lui anche risorge a vita nuova, come il seme che muore per germogliare e rifiorire in tenera pianticella e poi diventare albero robusto che dà fiori e frutti in abbondanza.

Il cammino è arduo, tale da incutere timore, se si prende coscienza della propria povertà, della propria connivenza con il male, con la mentalità del mondo, con ciò che è opposto al Vangelo; tuttavia non dobbiamo dimenticare che la nostra forza viene dal Signore; noi dobbiamo invocarla con umiltà e riceverla come mendicanti.

La parabola del fico sterile ci offre in proposito un insegnamento fondamentale. Se da una parte ci pone di fronte all'esigenza di una vera serietà nella nostra decisione, dall'altra ci dice che il Signore è paziente e ci dà sempre tempo fino all'ultimo respiro. Se ogni mattina abbiamo bisogno di ricominciare dicendo a noi stessi: «Oggi mi converto», non dobbiamo tuttavia disperare per lo scarso progresso, poiché ci è sempre dato un «oggi» fino all'ultimo respiro.

Per coloro che si avvicinano a Dio, all'inizio c'è la fatica di una grande lotta, ma dopo subentra anche la gioia. Accade come quando si vuole accendere il fuoco: prima si deve soffiare perché la legna prenda a bruciare e si forma tanto fumo che fa lacrimare gli occhi, ma quando la fiamma comincia a divampare, il fuoco gioioso riscalda e rende felici. Così è del fuoco dello Spirito Santo nei nostri cuori.

Bisogna decidersi con risolutezza e poi rimanere saldi, radicandosi bene nel Signore, per non rischiare di diventare alberi sterili e di non produrre più i frutti che egli si attende da noi.

Con la parabola del fico sterile, Gesù vuole rivelarci la misericordia e la pazienza di Dio, ma anche esortarci a convertirci senza indugio.

«Un tale aveva un fico piantato nella vigna e venne a cercarvi frutti, ma non ne trovò. Allora disse al vignaiolo: Ecco, son tre anni che vengo a cercare frutti su questo fico, ma non ne trovo. Taglialo. Perché deve sfruttare il terreno?» (vv. 6-7).

Quel fico – protesta il padrone – non serve a niente, è sterile; è inutile che stia lì a sfruttare il terreno. Ecco un ragionamento che segue soltanto la logica umana. Gesù provoca la risposta secondo il cuore di Dio, quella che lui stesso è venuto a dimostrare come più giusta.

«Ma quegli rispose: Padrone, lascialo ancora quest'anno, finché io gli zappi attorno e vi metta il concime e vedremo se porterà frutto per l'avvenire; se no, lo taglierai» (vv. 8-9).

Ancora quest'anno: tempo di grazia, tempo dilazionato. Il Signore ci concede questi giorni per darci agio per convertirci, ma non sciupiamo il tempo che egli ci dona e non rendiamo vane le sue cure!

Il Signore ci «zappa attorno», ci mette il concime, tanto buon concime: la sua Parola, i sacramenti... Ci dà il sole, ci dà l'acqua e, soprattutto, aspetta. Dice un racconto dei Chassidim:

«Disse una volta Rabbi Bunam: "Se considero il mondo, mi sembra talora che ciascun uomo sia un albero in un deserto, e Dio non abbia nel suo mondo che lui solo, ed egli nessuno a cui potrebbe rivolgersi se non a Dio solo"» (Martin Buber, *I racconti dei Chassidim,* Garzanti, Milano 1985, p. 580).

Eppure, nonostante tutte le cure, perché rimaniamo sterili? La più grande colpa non sono i molti peccati che commettiamo, ma è *il* grande peccato, cioè la tentazione di non prendere sul serio l'invito del Signore alla conversione.

«La grande colpa dell'uomo – dice ancora Rabbi Bunam – non sono i peccati che commette: la tentazione è potente e la forza dell'uomo è poca! La grande colpa è che in ogni momento potrebbe convertirsi e non lo fa» (*ibidem,* p. 581).

Ogni momento ci è dato come moneta per acquistare la salvezza. Tale moneta *è data,* è un dono e noi non la usiamo. Il tempo non è nostro: ci è dato. Quanto è vero! E noi lo lasciamo scorrere. In ogni momento di grazia che ci è dato potremmo convertirci, e noi non lo facciamo: aspettiamo, aspettiamo, non prendiamo sul serio l'urgenza della conversione, che in definitiva consiste nel «portare frutti» per la gloria di Dio e la gioia dei fratelli.

Ecco, la vera conversione a Dio è pure convertirsi al fratello, è convertirsi all'umanità tutta, cioè sentire di essere, in forza della nostra unione con Cristo, una cosa sola tra di noi. Convertirsi è sempre convertirsi all'amore, alla carità, l'unica vera realtà che rimane in eterno.

Se io sono contento della gioia dell'altro come se fosse mia, posso allora anche pensare che comincio a essere pure capace di misericordia. Quando soffro con gli altri, sono veramente il fratello che vive nel fratello, che soffre nel fratello, che condivide la povertà, la miseria del fratello, anzi, non ho bisogno di assumere le sue povertà perché le riconosco già mie. Diceva infatti un Chassidim: «Non sto a soffrire per i peccati degli altri; questa sofferenza, questa miseria è la mia. Io che sono un tutt'uno con il mio fratello».

Siamo un corpo solo, come dice san Paolo (cfr. 1Cor 12,12), se dunque un membro è nella gioia, tutte le membra gioiscono con lui; se un membro soffre, tutte le membra soffrono con lui. Se un albero dà buoni frutti, tutti ne possono gustare.

Dio misericordioso,
fonte di ogni bontà,
volgi il tuo sguardo benigno
su noi che riconosciamo la nostra miseria
e non lasciarci perire lontano
dalla tua salvezza.
Mentre dura questo tempo favorevole
– la nostra terrena esistenza –
facci dono di avere, nel tuo Spirito,
chiarezza interiore
per giudicare noi stessi con verità,
per vedere gli altri con compassione,
per contemplare te con cuore puro.
Facci sentire un salutare rimorso
per le colpe commesse,
ma ispiraci anche piena fiducia
nel tuo perdono.
Se la tua giustizia ci intimorisce,
la tua misericordia ci sollevi;
trasformati dalla tua grazia,
fa' di noi dei veri convertiti,
persone ferventi nella preghiera,
generose nella carità fraterna,
semplici e povere nello stile di vita
per accogliere con gratitudine
e irradiare nel mondo
la buona notizia del tuo Vangelo. Amen.

LA FESTA DEL CIELO...

La pecora smarrita e la dramma perduta

(Luca 15,1-10)

Conoscere se stessi e conoscere Dio, secondo l'affermazione di sant'Agostino, è tutto ciò che l'uomo può desiderare in verità, perché in questa duplice conoscenza l'anima riscopre il proprio volto interiore e trova la pace (cfr. *Soliloqui* 1,1,3). Ma il cammino da compiere per giungervi è arduo, perché il nostro sguardo è spesso offuscato, non ha più la purezza dell'innocenza. L'uomo peccatore ha paura di conoscersi e di farsi conoscere. Chiuso in se stesso, si nasconde alla luce e, nel buio, l'angoscia lo assale.

Le tre parabole del capitolo quindicesimo del Vangelo secondo Luca riguardano appunto la profondità abissale del cuore umano e ne mettono in evidenza il mistero in un vivo incontro con Gesù, il

Figlio di Dio venuto nella mitezza e nella misericordia per salvare tutti gli uomini dalla solitudine e dallo smarrimento. Il contesto in cui esse sono situate è l'ambiente dei pubblicani e dei peccatori, in mezzo ai quali si insinua la presenza osservatrice di alcuni scribi e farisei.

«Si avvicinavano a lui tutti i pubblicani e i peccatori per ascoltarlo» (v. 1).

Già questa prima nota fa intuire quanta confidenza essi abbiano con lui e quanta benevolenza egli senta per loro. È un atteggiamento inconcepibile e proprio per questo non passa inosservato. Infatti i farisei e gli scribi – che si ritengono giusti – si scandalizzano, mormorano e criticano Gesù per il suo atteggiamento umile e misericordioso; di conseguenza si chiudono a lui ancor prima di ascoltarlo. Allora egli, prendendo la parola, narra le tre parabole che, forse più di tutte, svelano il volto misericordioso di Dio. Come dice il Prologo del Vangelo secondo Giovanni, veramente «*Dio nessuno l'ha mai visto: proprio il Figlio unigenito, che è nel seno del Padre, lui lo ha rivelato*» (Gv 1,18).

Consideriamo contemporaneamente la parabola della pecorella smarrita e quella della dramma perduta. Ci soffermeremo invece separatamente sulla terza, quella del figliol prodigo. Certamente la prima, in cui campeggia la figura del pastore, occupa un posto eminente; l'altra le è gemella, ha la stessa logica e la stessa conclusione; soltanto gli ambienti sono diversi: la prima ci porta all'aperto, in luoghi di pastura, la seconda nell'intimità di una casa, ma l'atteggiamento del pastore e della donna sono identici. L'uno ha cento pecore, l'altra dieci dramme; l'uno perde una pecora, l'altra perde una dramma; né l'uno né l'altra si danno pace! Immediatamente, senza un attimo di esitazione, lasciando da parte tutto il resto, con l'affanno di chi non può rassegnarsi a quella perdita, essi vanno in cerca di quanto hanno smarrito.

Il pastore lascia le novantanove pecore nell'ovile – san Matteo dice anzi che le lascia sui monti – e si mette alla ricerca di quell'unica andando in tutti i luoghi, anche in quelli più scoscesi e pericolosi; certamente la chiama con il segno particolare che essa può distinguere tra tutti gli altri suoni; finalmente quando la ritrova, non la prende a calci, non la sgrida, non la trascina spingendola a forza. No! La scena del ritrovamento è descritta con i toni della più squisita delicatezza, con le espressioni di un amore tenerissimo. Il pastore non è neanche capace di fare alla pecorella un benché minimo rimprovero, tanta è la sua gioia di averla ritrovata. È il momento di fare festa, non di rimproverare.

« Se la mette in spalla tutto contento, va a casa, chiama gli amici e i vicini dicendo: Rallegratevi con me, perché ho trovato la *mia* pecora che era perduta » (v. 6).

Quanto è preziosa per il pastore quell'unica pecora, se per ritrovarla si è affaticato tanto e, trovatala, si rallegra a tal punto da sentire l'esigenza di condividere la propria gioia con altri! Una contentezza tanto grande non può essere consumata nel cuore di una sola persona, deve diffondersi. Ecco allora che il pastore torna esultante dai dirupi dove ha ricuperato la pecora e, giunto a casa, chiama tutti gli amici e i vicini a far festa con lui, a condividere la sua « smisurata gioia » per aver ricomposto nella totalità il suo gregge.

Se manca anche una sola pecora, il pastore non può essere contento. Una vale mille, ha un valore assoluto per se stessa, è indispensabile. Il pastore della parabola non dice: « Ecco, ne avevo cento, me ne rimangono ancora novantanove... poco importa che una vada perduta! ». Questa è una logica umana, troppo umana, anche se forse noi la considereremmo una logica più equilibrata. Tante volte si desiste dal cercare, dal fare tutto il possibile per salvare qualcuno, perché, in fondo, non lo si ama veramente. Al contrario, il pastore non lascia perdere la *sua* pecora: ai suoi occhi essa ha un valore a cui non può rinunziare senza sentirsi estremamente impoverito. Così Dio non lascia perdere nessuno; dall'inizio della creazione fino a oggi miliardi e miliardi di uomini sono venuti alla luce: su ciascuno ha posato il suo sguardo di amore e di pietà, perché tutti sono preziosi agli occhi suoi, anche se ingrati e peccatori.

Se, infatti, noi non siamo con lui, se non stiamo nel suo ovile, non si dà pace. Questo è l'amore di Dio! La parabola, con la delicatezza delle immagini, esprime la tenerezza del cuore di Dio per tutte le sue creature.

Come il pastore così anche la donna, pur avendo tante faccende da sbrigare, appena si accorge di aver perduto una dramma, lascia stare tutto il resto... Pare di vederla spazzare con accuratezza la casa, accendere la lucerna, cercare sotto tutti i mobili, finché non la ritrova. Prima tutto era urgente, adesso non c'è più niente di urgente, tranne il ritrovare la dramma perduta; e appena l'ha ritrovata si concede anche il tempo di far festa!... Tutto il resto passa in second'ordine. Esce di casa, chiama le amiche e le vicine perché condividano la sua gioia.

Gesù conclude semplicemente dicendo:

«Io vi dico: vi sarà gioia nel cielo per un solo peccatore che si converte, più che per novantanove giusti i quali non hanno bisogno di conversione» (v. 7).

E ancora:

«Così, io vi dico, vi è gioia davanti agli angeli di Dio per un solo peccatore che si converte» (v. 10).

In cielo non si fa altro che rallegrarsi per tutte le pecorelle o le dramme perdute che *sono state ritrovate.*

Notiamo che l'iniziativa è del pastore nel primo caso e della donna nel secondo caso. La pecora non torna a casa da sola quando si smarrisce per strada: è il pastore che va a cercarla. Così agisce Dio verso di noi, pecore smarrite che egli continuamente viene a ricercare, inseguendoci senza sosta. Non sentiamo forse alle nostre spalle il rumore dei suoi passi, quasi il suo respiro, quando si avvicina di più e finalmente ci raggiunge? Quale gioia essere ritrovati da Dio! E tale gioia ci è continuamente offerta. Ogni volta che celebriamo il sacramento della penitenza, ogni volta che torniamo con il cuore al Padre nostro che è nei cieli, lassù si fa festa e noi ci vediamo caricati sulle spalle di Gesù, il buon Pastore venuto a radunare tutti gli uomini in un solo gregge. Così, infatti, egli stesso si è presentato:

«Io sono il buon pastore, conosco le mie pecore e le mie pecore conoscono me, come il Padre conosce me e io conosco il Padre; e offro la vita per le pecore. E ho altre pecore che non sono di questo ovile; anche queste io devo condurre; ascolteranno la mia voce e diventeranno un solo gregge e un solo pastore» (Gv 10,14-16).

Davanti a tale rivelazione dell'amore di Dio come dovremmo reagire?

Il primo e più bel segno di gratitudine consiste nel lasciarci sempre ritrovare e caricare sulle sue sacre spalle per essere riportati nell'ovile, avendo nel cuore il desiderio di procurare gioia al divino Pastore mediante la nostra conversione. Ma – come nelle parabole – vi è un secondo momento che segue a questa prima risposta d'amore, ed è il desiderio che Dio ha di condividere la gioia del nostro ritrovamento, come pure la nostra gioia di essere riaccolti da Dio e di sentirci investiti di responsabilità verso gli altri, sospinti a spendere la nostra vita per cercare insieme con il Pastore i fratelli ancora smarriti.

Dall'apostolo Pietro all'ultimo battezzato, è questa l'esperienza di tutti i veri cristiani, missionari per vocazione. Dopo la risurrezione di Gesù, il «principe degli apostoli» davanti a una moltitudine di giudei dichiarò con franchezza, con tutta la forza del suo appassionato amore per il Maestro, che il grande Pastore era stato, sì, sottratto al gregge, ma che il Padre lo aveva restituito alla vita ed egli aveva nuovamente radunato le sue pecore. Le parole dell'apostolo rivelano quanto dolorosa fosse stata la dispersione del piccolo gregge nelle ore oscure della Passione. Pietro stesso, che aveva conosciuto lo smarrimento di quei tristi giorni, ora può confessare: «Eravamo tutti erranti come pecore, ora siamo tornati al Pastore e guardiano delle nostre anime» (cfr. 1Pt 2,25). La rinnovata speranza, la fede resa salda dal dono dello Spirito spingono ora l'apostolo a esortare anche gli anziani della comunità cristiana a farsi pastori con il Pastore:

«Esorto gli anziani che sono tra voi, quale anziano come loro, testimone delle sofferenze di Cristo e partecipe della gloria che deve manifestarsi: pascete il gregge di Dio che vi è affidato, sorvegliandolo non per forza ma volentieri, secondo Dio; non per vile interesse ma di buon animo; non spadroneggiando sulle persone a voi affidate, ma facendovi modelli del gregge» (1Pt 5,1-3).

Il pastore non deve soltanto preoccuparsi di non perdere nessuna delle anime che ha in cura, ma anche di far loro produrre buon frutto. Se infatti le pecore non saranno curate bene, saranno malaticce, non daranno né latte né lana, cioè non avranno incremento nel bene e non daranno gloria a Dio.

Ogni cristiano – qualunque sia il suo stato di vita – è chiamato a essere custode dei suoi fratelli; quindi adempirà bene la sua missione se, imitando l'esempio del buon Pastore, si chinerà con amore soprattutto sui più piccoli e indifesi, se non solo eviterà di porre ostacoli al loro cammino, ma se, al contrario, con il proprio esempio sarà per loro stimolo a correre sulla via della santità.

Certamente ci è stato affidato un grande compito, che può persino apparire superiore alle nostre capacità. È questo il paradosso in cui il cristiano sempre si trova immerso; lo scarto tra ciò che è e ciò a cui è chiamato; lo scarto tra la sua povertà e la sconfinata fiducia che Dio ripone in lui; tra la sua debolezza e le enormi attese di Dio. In realtà possiamo essere persino tentati non solo di non sentirci pastori, ma anche – per l'irriducibile esperienza del peccato – di sentirci lontani da Dio, esclusi dal suo gregge. Anche se così fosse, mai comunque dovremmo scoraggiarci e pensare che il Pastore non ci possa più trovare. No, egli ha occhi così puri e penetranti da poterci vedere anche nella notte più buia; ha un udito così fine da percepire a qualsiasi distanza anche il più represso gemito del nostro cuore. In Gesù, Verbo Incarnato, Dio è diventato l'Emmanuele, il Dio-con-noi, perciò non è mai lontano e, ancor prima che lo invochiamo, è lì pronto a dirci: «Eccomi». Mai dunque dobbiamo dubitare dell'amore che Dio ha per noi e della sua volontà di salvarci. È sempre il tempo per noi di cantare con il Salmista:

«Il Signore è mio pastore
non manco di nulla...
Mi rinfranca, mi guida
per il giusto cammino,
per amore del suo nome.
Se dovessi camminare in una valle oscura,
non temerei alcun male,
perché tu sei con me» (Sal 22,1.3-4).

Se coltiviamo questa certezza di fede,

ci troveremo a esprimere anche noi verso gli altri i sentimenti di Dio. Allora davanti a qualcuno che resiste alla grazia non ci permetteremo di dire: «Per questo caso non c'è nulla da fare». Dio non si può rassegnare a lasciar perdere nessuno, Dio sa come e quando trovare tutti e ciascuno. Ed egli riversa nel nostro cuore il suo amore, perché neppure a noi mai sfugga dalle labbra la parola: «Basta!», né a nostro riguardo, né a riguardo di altri.

Gli uomini di oggi – come di ogni tempo – hanno bisogno di ritrovare questa pura fede e questa totale fiducia nel buon Pastore; hanno bisogno di sentirsi amati senza misura, gratuitamente. Tanta aggressività nasce dal fatto che non si avverte più il vincolo di comunione che lega gli uni agli altri; allora stare insieme non è più motivo di festa. L'individualismo genera violenza, la violenza porta a un egoismo sempre più esasperato; di conseguenza la spirale dell'ostilità sembra non aver più fine. I cristiani, pur sentendosi pecore smarrite, non possono rinunziare a impegnarsi per essere immagine viva del buon Pastore, segno di bontà e di pace per tutti.

Ma come far giungere nel nostro mondo frenetico e prevalentemente tecnologico la buona notizia di un Dio che si fa

Pastore? Tanti bambini di oggi non hanno più la possibilità di vedere dal vivo una pecora, un gregge. Questo per loro è un mondo irreale. Non sono davvero piccoli i problemi dell'evangelizzazione! Bisogna sempre partire dall'esperienza. Il pastore è innanzitutto l'uomo della solitudine e del silenzio, l'uomo che veglia instancabilmente giorno e notte a tutela delle sue pecore. Proprio per questo Gesù si è identificato con esso. Queste delicate e suggestive immagini, tratte dai Vangeli, devono diventare la nostra vera cultura, il nostro modo profondo di sentire e di vivere.

Su questa parabola padre David Maria Turoldo ci ha lasciato pagine molto belle sgorgate dal suo cuore di poeta e di pastore. Egli vede Dio anche quale pastore del cielo, che conduce le stelle nel loro eterno movimento, ma gli attribuisce la gloria più grande nel suo farsi pastore sulla terra, ricercatore di uomini perduti per riportarli sulle sue spalle fino all'ovile celeste.

« *Dio, o pastore di costellazioni. Spirito che apri il volo agli infiniti stormi di uccelli verso i terminali delle loro migrazioni; Spirito che conduci i pellegrini dello spirito negli incantati pascoli della santità e gli erranti riconduci da sperduti deserti sulle vie della vita, e mai desisti, divino Mendicante, di cercare la pecorella smarrita: se il vederti con gli occhi del corpo è di troppo in questa valle oscura, che almeno sempre oda i tuoi passi mentre mi cammini accanto, o Compagno di traversata; e ciò sia a tua gloria più che il prestarti a guidare le stelle nella notte.*

« E tu, Cristo Gesù, incarnazione di Dio, unico Pastore buono, che ti sei fatto nostro Compagno di cammino: a causa delle nostre infedeltà non lasciarci mai soli, poiché ci perderemo in aridi pascoli, ci smarriremo nella valle oscura; ma continua a custodirci e a difenderci dai lupi; a nutrirci di cibi purissimi e a portarci tutti a libertà » (*Anche Dio è infelice,* Piemme, Casale Monferrato 1991, p. 225).

Un uomo aveva due figli...

Il Figlio Prodigo

(Luca 15,11-32)

Eccoci di fronte alla grande parabola dell'umanità che si è allontanata dalla casa paterna e che vi è ricondotta guidata dal Figlio primogenito Gesù Cristo, e sospinta dallo Spirito Santo.

« Un uomo aveva due figli, il più giovane disse al padre: Padre, dammi la parte del patrimonio che mi spetta. E il padre divise tra loro le sostanze » (Lc 15,11-12).

Quando un figlio dice a suo padre: « dammi la mia parte », significa che non vuole più rimanere in casa con lui; vuole gestirsi la propria vita in piena autonomia. A questa richiesta segue il verbo che esprime la drammatica situazione dell'umanità: « E il padre *divise* tra loro le sostanze ». La divisione è proprio l'opposto di quello che è il fine, la meta a cui tutta l'umanità deve giungere: la comunione con Dio e con i fratelli.

Ecco dunque i termini del dramma: un figlio, il minore, quello che ancora avrebbe bisogno di crescere sotto lo guardo paterno, vuole la sua parte, vuole emanciparsi e andarsene lontano a godersi le cose che sono ormai soltanto sue. Questa libertà – tale solo in apparenza – gli dà un senso di illusoria indipendenza e una specie di ebbrezza.

«Dopo non molti giorni, raccolte le sue cose, partì per un paese lontano e là sperperò le sue sostanze vivendo da dissoluto» (v. 13).

La prima conseguenza del farsi padrone esclusivo delle cose e del gestirsi in autonomia senza aver raggiunto un'autentica maturità è l'uso disordinato dei beni, tanto materiali quanto e soprattutto spirituali. L'uomo che si divide dagli altri si trova infatti diviso in se stesso, frantumato nella sua persona. Il «paese lontano» di cui parla la parabola è, infatti, il cuore che si fa estraneo perché non ama più, non condivide più la vita con i fratelli nella casa paterna.

«Quando ebbe speso tutto, in quel paese venne una grande carestia ed egli cominciò a trovarsi nel bisogno. Allora andò e si mise a servizio di uno degli abitanti di quella regione, che lo mandò nei campi a pascolare i porci. Avrebbe voluto saziarsi con le carrube che mangiavano i porci; ma nessuno gliene dava» (vv. 14-16).

Ecco la prova della miseria e della desolazione: colui che era figlio si riduce a fare il guardiano di una mandria di porci: un mestiere alquanto umiliante. Non solo: è anche ridotto alla fame e non può nemmeno nutrirsi delle ghiande e delle carrube che mangiano i porci. È proprio qui che interviene l'infinita misericordia di Dio. La situazione di miseria, l'esperienza della propria nullità risvegliano nel cuore del figlio depravato il ricordo della casa paterna. Si accorge di aver perduto non solo tutte le ricchezze, ma anche la propria dignità: «*Quanti salariati in casa di mio padre hanno pane in abbondanza e io qui muoio di fame!*» (v. 17).

Tale considerazione, fatta sotto la spinta della necessità, lo porta a una decisione ben consapevole: «*Mi leverò e andrò da mio padre*» (v. 18).

Subito, però, gli si affaccia nella coscienza anche un interrogativo, quasi un dubbio: come potrò presentarmi a mio padre, dopo quello che ho fatto? Io, così come mi sono ridotto, non sono più degno di essere chiamato figlio, io ho rifiutato la mia dignità di figlio... Allora mi presenterò dicendo: «*Padre, ho peccato contro il cielo e contro di te; non sono più degno di essere chiamato tuo figlio*» (vv. 18-19). Ho calpestato la mia dignità, ho calpestato il tuo cuore di padre, il tuo onore, il tuo nome, «*trattami come uno dei tuoi garzoni*» (v. 19), questo per me è già tanto...

Con la consapevolezza del proprio peccato, questo figlio intraprende dunque la via del ritorno: «*Partì e si incamminò verso suo padre*» (v. 20).

Egli pensa di essere solo a percorrere quel lungo cammino: solo con il suo rimorso, solo con la sua vergogna e con la sua umiliazione... Il padre, però, come aveva sentito pesargli sul cuore i passi del figlio mentre si allontanava da casa, così ora comincia a sentire il leggero fruscio dei passi del figlio che ritorna; perciò, mentre egli è ancora lontano, il suo cuore già lo vede, già lo sente, perché non ha mai cessato di aspettarlo. «*Quando era ancora lontano il padre lo vide e commosso gli corse incontro*» (v. 20).

Il figlio aveva pensato di correre incontro al padre, di gettarsi ai suoi piedi, di stringersi al suo collo e chiedergli perdono piangendo, ma non gli è dato il tempo per farlo, perché il padre lo precede. L'amore del padre è sempre preveniente.

Il figlio tenta di dirgli: «*Padre, ho peccato*», tenta di incominciare il discorso che aveva così ben preparato, ma il padre non lo lascia proseguire e subito si rivolge ai servi:

«Presto, portate qui il vestito più bello e rivestitelo, mettetegli l'anello al dito e i calzari ai piedi. Portate il vitello grasso, ammazzatelo, mangiamo e facciamo festa» (vv. 22-23).

Il padre è impaziente di chiamare tutti alla festa per il ritrovamento di questo figlio che era perduto. Non sta a considerare quanto era avvenuto, a discernere i torti e le ragioni; non gli importa di essere risarcito del dolore che aveva provato, del disonore che aveva sentito per la condotta di quel figlio. Non aspetta che il figlio lo supplichi di perdonargli: ha già perdonato, ha sempre perdonato. Il figlio vorrebbe chiedergli perdono, ma il padre da sempre, nel suo cuore, lo ha perdonato e atteso, e quindi gli rimane soltanto di fare festa, di rallegrarsi per il ritorno del figlio che si era allontanato. E «*cominciarono a fare festa*» (v. 24).

La scena adesso si sposta nei campi. Prima abbiamo visto il quadro del figlio che partiva da casa e andava nella regione lontana; poi il suo ritorno e l'incontro con il padre sulla soglia della casa. Adesso, mentre si fa festa, si apre uno squarcio sulla campagna dove il figlio maggiore sta con i servi a lavorare: «*Al ritorno, quando fu vicino a casa, udì la musica e le danze; chiamò un servo e gli domandò che cosa fosse tutto ciò. Il servo gli rispose: È tornato tuo fratello e il padre ha fatto ammazzare il vitello grasso, perché lo ha riavuto sano e salvo*» (vv. 25-27).

Un vero fratello si slancerebbe ad abbracciare colui che è stato ritrovato e sarebbe felice di condividere la festa. Invece non accade così. E non accade così molto spesso nella realtà delle relazioni umane. «*Egli si arrabbiò, e non voleva entrare*» (v. 28).

Il padre ha ritrovato un figlio e ne sta perdendo un altro, perché il figlio maggiore non sa accettare che il minore sia trattato così bene. È ingiusto – dice – che abbia tutti questi onori: sembra quasi che il padre lo preferisca a lui, a lui che ha tutto il merito di essere stato nella casa paterna, di avere condotto una vita onesta e laboriosa. E il padre ancora una volta deve uscire.

Era uscito a incontrare il figlio minore che tornava; adesso lascia la festa ed esce per cercare il figlio maggiore che non vuole entrare in casa perché il suo cuore si è indurito: «*Il padre allora uscì a pregarlo*» (v. 28), a pregarlo di entrare nella cerchia della carità e nella gioia della festa.

Ma il figlio maggiore resiste e protesta:

«Ecco, io ti servo da tanti anni e non ho mai trasgredito un tuo comando, e tu non mi hai dato mai un capretto per far festa con i miei amici. Ma ora che questo tuo figlio che ha divorato tutti i tuoi averi con le prostitute è tornato, per lui hai ammazzato il vitello grasso» (vv. 29-30).

Sostanzialmente afferma che è ingiusto il modo di agire del padre. Forse tutti noi, umanamente, diremmo: ha ragione! E invece no, ha torto; ha proprio torto, perché la ragione dalla parte di Dio non è questa, non è questa la giustizia secondo Dio. Il figlio maggiore si crede giusto e di fatto, per il suo comportamento esteriore, lo è. Ha sempre servito, è stato figlio obbediente, non ha trasgredito nessun comando... Ma il suo cuore dov'è? Come è stata la sua vita di obbedienza nella casa del padre, se non è arrivato a conoscere il cuore del padre e se non è capace di commuoversi come il padre e con il padre per il suo povero fratello?

Questo figlio è osservante, giusto, ma non ama, non conosce né l'amore del padre né l'amore del fratello; è giusto secondo una giustizia puramente umana e persegue una giustizia che difende i suoi diritti personali ed evidenzia i doveri degli altri verso di lui. Il suo cuore non batte all'unisono con il cuore del padre; è diviso, ed è molto più lontano di quanto lo fosse quella regione in cui era andato il figlio minore.

Il padre allora gli soggiunge con voce accorata: «*Figlio, tu sei sempre con me*» (v. 31). Figlio! Lo chiama così perché possa sentirsi risvegliare nell'intimo il cuore filiale: «*Figlio, tu sei sempre con me e tutto ciò che è mio è tuo; ma bisognava far festa e rallegrarsi, perché questo tuo fratello era morto ed è tornato in vita, era perduto ed è stato ritrovato*» (vv. 31-32). Tu non ti accorgi che hai sempre tutto, che hai già tutto e che nulla ti è tolto. «*Tu sei sempre con me e tutto ciò che è mio è tuo*».

Ricordiamo quanto Gesù dice nel capitolo 17 del Vangelo secondo Giovanni nella sua grande preghiera sacerdotale: «*Tutte le cose mie sono tue e tutte le cose tue sono mie*» (v. 10). Tutto in comune! Ma ciò è possibile solo se il cuore batte all'unisono.

Il figlio che va lontano si risveglia al senso della sua dignità e all'amore filiale. Il figlio che è in casa non si accorge di essere senza amore.

È una parabola che corrisponde alla realtà di tutti i tempi, di tutti gli ambienti... È la parabola in cui tutti possiamo riconoscerci, ora nella veste del figlio minore, ora nella veste del figlio maggiore. Siamo un po' l'uno e un po' l'altro insieme e portiamo in noi le contraddizioni di questa duplice realtà. Il padre – nel quale dobbiamo vedere Dio – va verso l'uno e verso l'altro figlio. La sua paziente misericordia lo fa uscire sempre da se stesso per andare incontro all'uno e all'altro. Questo ci dà la fiducia di poter essere sempre ritrovati dal Padre e invitati a ritornare, e quindi riaccolti da lui, sia che veniamo dalla dispersione, come il figlio prodigo, sia che veniamo da una falsa giustizia e formale fedeltà, come il figlio maggiore.

Già nell'Antico Testamento questa parabola della conversione, del ritorno, si trova frequentemente riferita al popolo di Israele. Ad esempio in Isaia:

> «Cercate il Signore, mentre si fa trovare,
> invocatelo, mentre è vicino.
> L'empio abbandoni la sua via
> e l'uomo iniquo i suoi pensieri...
> ritorni al Signore
> che avrà misericordia di lui
> e al nostro Dio che largamente perdona.

Perché i miei pensieri
non sono i vostri pensieri,
le vostre vie non sono le mie vie,
oracolo del Signore.
Quanto il cielo sovrasta la terra,
tanto le mie vie sovrastano le vostre,
i miei pensieri sovrastano i vostri»
(cfr. Is 55).

Noi abbiamo pensieri di giustizia umana, Dio ha pensieri di misericordia, di vera giustizia divina che è amore senza misura. I pensieri del suo cuore sono pensieri di bontà, di misericordia, di pace. Così canta il Salmo 103:

«Buono e pietoso è il Signore,
lento all'ira e grande nell'amore.
Come il cielo è alto sulla terra,
così è grande la sua misericordia
su quanti lo temono.
Perché egli sa di che siamo plasmati,
ricorda che noi siamo polvere»
(vv. 8.11.14).

Egli sa di che siamo plasmati, perché lui stesso ha plasmato il nostro cuore. Nel libro di Geremia l'invito insistente, accorato di Dio per bocca del profeta così si esprime:

«Ritorna, Israele ribelle, dice il Signore.
Non ti mostrerò la faccia sdegnata,

perché io sono pietoso, dice il Signore.
Non conserverò l'ira per sempre.
Su, riconosci la tua colpa,
perché sei stata infedele al Signore tuo Dio;
hai profuso l'amore agli stranieri...
Ritornate, figli traviati,
perché io sono il vostro padre»
(Ger 3,12-13).

Ecco, poi segue quasi un soliloquio di Dio tra sé e sé, nell'attesa del nostro ritorno:

«Io pensavo:
Come vorrei considerarti tra i miei figli
e darti una terra invidiabile... (3,19).
Ritornate, figli traviati,
io risanerò le vostre ribellioni» (3,22).

Questo movimento discendente di Dio verso di noi, che siamo sempre lontani e dobbiamo deciderci ad alzarci e a ritornare, è costante. A noi però manca spesso la forza, la risolutezza; vorremmo alzarci e in cuor nostro diciamo: «*Ecco, noi veniamo a te perché tu sei il Signore nostro Dio*» (Ger 3,22). Tuttavia siamo come inchiodati a terra.

A proposito del versetto della Scrittura: «*Ma di là cercherai il tuo Dio e lo troverai*» (Dt 4,29), ecco come lo commenta il Magghid di Mervic: «L'uomo deve gridare a Dio e chiamarlo *padre* fino a che diventi suo padre». Dalla nostra terra lontana bisogna gridare a Dio e chiamarlo «padre» fino a che egli diventi padre nel nostro cuore diventato cuore di figlio, perché ha sperimentato la paterna misericordia di Dio.

È significativo questo bel racconto dei Chassidim:

«Rabbi Aronne arriva un giorno nella città in cui cresceva il piccolo Mardocheo... Il padre di questi gli condusse il ragazzo e si lamentò con lui perché non aveva costanza nello studio. Era un ragazzo un po' indocile, che non si applicava abbastanza.

«"Lasciatemelo qui un poco", disse rabbi Aronne. Quando fu solo col piccolo Mardocheo si distese e strinse il bambino al suo cuore e in silenzio ve lo tenne vicino fino a che il padre tornò. "Gli ho fatto un bel discorsino – disse rabbi Aronne – d'ora in poi vedrai che la costanza non gli mancherà più".

«Quando il rabbi di Lechowitz, cioè il piccolo Mardocheo diventato adulto, raccontava questa vicenda aggiungeva: "Ho imparato allora come si convertono gli uomini"» (Martin Buber, *I racconti dei Chassidim,* Garzanti, Milano 1985, p. 245).

Come? Come fece rabbi Aronne: stringendo il bambino al suo cuore a lungo, in silenzio, gli ha trasmesso, insieme con la tenerezza, la docilità. Il cuore del piccolo Mardocheo si era sintonizzato con i battiti del cuore di quel padre che gli parlava con il linguaggio dell'amore.

Dio ha sempre il desiderio di stringerci al suo cuore, di farci sentire il «discorso» del suo amore. Bisogna però che noi torniamo almeno un poco bambini e ci lasciamo tenere a lungo, in silenzio, nelle sue braccia.

Sul ritorno a casa, ecco il bel canto di Agostino d'Ippona:

«Io t'invoco, o Dio di verità nel quale e per il quale sono vere tutte le cose vere.

Dio da cui fuggire è smarrirsi, a cui tornare è risorgere, in cui abitare è vivere.

Dio che nessuno perde se non inganna se stesso, che nessuno cerca se la grazia non lo indirizza, che nessuno trova se non è puro nel suo cuore.

Dio che abbandonare è come morire, che attendere è come amare, che intuire è come possedere.

Dio a cui ci spinge la fede, a cui ci conduce la speranza, a cui ci unisce la carità.

Dio da cui fuggire è smarrirsi, a cui tornare è risorgere, in cui abitare è vivere!» (*Soliloqui* 1,1,3).

Questa è l'esperienza che tutti abbiamo bisogno di fare, in ogni momento, dalla giovinezza fino all'ultima ora della nostra esistenza.

Viviamo dunque questa bella parabola della nostra vita e riconosciamoci tutti fratelli amati dall'unico Padre, per gustare la gioia di camminare tutti insieme verso la casa ed entrare insieme nella festa eterna.

Padre mio, ritorno a te!
Ti ho conosciuto
solo trovandomi lontano da te;
prima non ti conoscevo.
Padre mio, ritorno a te!
Ti ho desiderato
solo quando mi sono trovato senza di te;
quando di te mi sono privato
ho sentito che mi sei necessario.
Padre mio, ritorno a te!
Oggi ritorno a te senza alcuna pretesa,
io che un giorno me ne sono andato
pretendendo con arroganza la mia parte.
Padre mio,
ora non voglio più niente;
voglio soltanto te,
voglio soltanto vedere il tuo volto,
udire la tua voce,
stare umilmente alla tua presenza.
Padre mio,
non sono più degno
d'essere chiamato tuo figlio;

tienimi soltanto come un servo
nella tua casa;
questo è già un grande onore,
perché so che servire te
è già condividere
il tuo trono regale. Amen.

O DIO, ABBI PIETÀ DI ME PECCATORE!

Il fariseo e il pubblicano
(Luca 18,9-14)

Cercando nelle pagine del Vangelo i tratti del volto misericordioso di Dio, non possiamo non soffermarci sulla parabola del fariseo e del pubblicano (Lc 18,9-14), tanto facile da capire, ma non così facile da assimilare. La lezione data da Gesù a quelli che l'ascoltavano allora è certamente utile e necessaria anche a tutti noi, oggi. Non dobbiamo fare nessuno sforzo di immaginazione, ma semplicemente considerare che spesso ci troviamo proprio nella situazione di quei due uomini che salirono al tempio per pregare; dobbiamo dunque considerare quale posto prendiamo, in quale atteggiamento ci mettiamo davanti al Signore, in rapporto ai fratelli. Questa parabola, infatti, non riguarda soltanto il tempo in cui fisicamente ci troviamo in chiesa a pregare, ma si estende a tutta la nostra esistenza, perché dovunque siamo sotto lo sguardo di Dio, e l'universo intero è un tempio senza mura in cui tutti gli uomini sono convocati per mettersi in comunione con Dio e tra di loro.

L'evangelista Luca sottolinea che la parabola è raccontata da Gesù «*per alcuni che presumevano di essere giusti e disprezzavano gli altri*» (v. 9), ritenendoli ingiusti e indegni. La presunzione produce sempre il disprezzo. Chi presume di sé, «de-prezza», toglie stima agli altri, cioè li vede più in basso; considera se stesso come tesoro prezioso e gli altri come merce di poco valore. È un atteggiamento purtroppo tutt'altro che sconosciuto anche tra chi si ritiene discepolo di Gesù, di colui che, pur essendo di natura divina, si è fatto servo di tutti.

«Due uomini salirono al tempio a pregare: uno era fariseo e l'altro pubblicano» (v. 10).

Si tratta di due categorie dell'antico popolo di Israele che si possono in certo modo ritrovare nella Chiesa. A esse apparteniamo anche noi; forse non ci troviamo pienamente nell'una o nell'altra, ma un po' in entrambe; forse non ci facciamo avanti così sfrontatamente come il fariseo della parabola, ma nemmeno riteniamo giusto per noi stare indietro, modestamente, come il pubblicano.

L'uno e l'altro, dunque, salgono nell'unica casa di preghiera, e stanno alla presenza del tre volte Santo. Il primo, però, ci va da padrone, da ricco, da persona autorevole che ne ha il diritto; ci va tutto ben vestito, con i lunghi filatteri, con le frange, con tutti i segni della sua categoria per bene; il secondo invece ci va da povero, da ospite, sta sulla soglia perché non osa farsi vedere così malconcio, nell'apparenza esterna, ma soprattutto dentro, nel cuore.

Due atteggiamenti particolari caratterizzano il fariseo. Egli *sta ritto in piedi,* perché è cosciente della propria dignità e *prega* tra sé, tutto rivolto a se stesso, considerando quello che egli è, non quello che è Dio, non pervaso da santo timore, da stupore davanti alla maestà divina, ma tutto preso dal proprio valore, quasi dicendosi: « Come sono giusto, come merito che Dio mi ascolti, che si compiaccia di me... Sono proprio soddisfatto ». Ecco infatti la sua preghiera:

« O Dio, ti ringrazio che non sono come gli altri uomini, ladri, ingiusti, adulteri, e neppure come questo pubblicano » (v. 11).

Lo aveva dunque visto, là in fondo, e se ne scandalizzava. I suoi sentimenti si possono facilmente immaginare, pare di sentirlo dire tra sé e sé: «Non ci sia tra noi nessun rapporto. Alla larga! È della categoria dei peccatori pubblici; tutti sanno quanto è disonesto il suo mestiere!». Per esaltare se stesso, denigra gli altri che, nella sua considerazione, sono tutti ladri, ingiusti e adulteri. Lui solo è un uomo superiore e ci tiene a dirlo: «Io digiuno, io pago le tasse, io sono osservante della legge...».

Questo fariseo non rende vero culto a Dio, ma al suo io, e frappone tra sé e Dio il suo idolo, soddisfatto di non essere come gli altri. Non si limita a esaltarsi: butta a terra tutti gli altri perché possa rimanere eretto solo il suo maestoso simulacro. Forse si aspetta perfino che il Santo di Israele scenda dal trono della sua gloria e gli si prostri davanti, riconoscendogli tutta la sua dignità...

Ecco una religiosità capovolta, un'idolatria che è pura illusione di giustizia e di verità. Eppure questo fariseo è davvero osservante; fa tutte le cose in modo esatto, secondo la legge. Che cosa gli manca? Gli manca proprio il senso di Dio, perché ha un esagerato senso dell'io; ha messo se stesso al centro e Dio altro non è se non una realtà che gli serve per autocompiacersi; è qualcuno che può stare più in alto di lui, ma non ha altra funzione se non quella di riconoscere la giustizia, la onorabilità, la dignità del fedele osservante che gli sta davanti.

Il Signore, che è il Padre degli umili, non si volge però a chi gli si presenta in quel modo, ma spinge lo sguardo in fondo al tempio, là dove si è fermato il pubblicano che, tutto confuso, con gli occhi a terra, battendosi il petto dice: «*O Dio, abbi pietà di me peccatore*» (v. 13).

Il fariseo ha fatto un bel discorso; il pubblicano pronunzia solo poche parole, spezzate dalle lacrime di pentimento. Il Signore non si cura del fariseo, non sta ad ascoltare il suo monologo-panegirico, ma scorgendo quel meschino che sta in fondo presso la porta e non osa avanzare né alzare lo sguardo verso l'arca santa, perché ha vergogna vedendosi brutto e sporco, si china pieno di misericordia e fa il primo passo verso quel povero che, confessandosi peccatore, confessa insieme la propria fede nella divina bontà.

«*O Dio, abbi pietà di me peccatore*» (v. 13). In questa supplica innanzitutto viene riconosciuto Dio quale unico, sommo Signore, mentre il fariseo aveva iniziato dicendo: «Ti ringrazio perché io...».

Quindi il pubblicano prosegue dicendo: «*Abbi pietà*», tu che sei un Dio misericordioso, «*di me*» che sono peccatore. Tu sei la pietà, io la povertà. Sii per me quello che tu sei, cioè misericordia e perdono. Sono queste le parole più vere e più gradite a Dio, perché con esse ci mettiamo sotto i suoi occhi in tutta la nostra realtà, povera e nuda, ma totalmente affidata alla sua divina pietà.

Il gesto del pubblicano che si batte il petto è addirittura entrato nella liturgia cristiana e viene compiuto in segno di penitenza e di contrizione durante il rito penitenziale della Santa Messa.

Concludendo la breve parabola, Gesù dice che il pubblicano se ne tornò a casa sua giustificato, ossia reso giusto dalla misericordia di Dio, a differenza del fariseo che non conobbe la gioia del perdono, perché riteneva di possedere già la salvezza, la giustizia, in virtù delle sue scrupolose osservanze e delle sue ostentate buone opere.

Il pubblicano, che non ha proprio niente da far valere davanti a Dio ma soltanto un mucchio di miserie da presentargli, è nelle condizioni più favorevoli per ricevere il dono della salvezza:

«Io vi dico: questi tornò a casa sua giustificato, *perché chi si esalta sarà umiliato e chi si umilia sarà esaltato*» (v. 14).

Questa espressione ritorna più volte sulla bocca di Gesù, tanta è la sua importanza per la vita spirituale. Gesù stesso l'ha vissuta per primo e nel modo più assoluto, nel mistero dell'incarnazione, scendendo dal cielo sulla terra, e ancora di più nella sua Passione e morte, scendendo negli inferi prima di risorgere.

Ed è questo pure l'itinerario che ogni cristiano deve compiere, se vuole veramente conformarsi a Cristo. Come non pensare, per esempio, a san Paolo, alla svolta radicale avvenuta nella sua vita dopo la conversione sulla via di Damasco? Nei numerosi passi autobiografici delle sue lettere questo contrasto tra il *prima* e il *dopo* appare in maniera davvero sorprendente. Ricordiamo almeno qualche stralcio dei capitoli 11-12 della seconda lettera ai Corinzi:

«Forse ho commesso una colpa *abbassando me stesso per esaltare voi,* quando vi ho annunziato gratuitamente il vangelo di Dio?... Lo dico di nuovo: nessuno mi consideri come un pazzo, o se no ritenetemi pure come un pazzo, perché possa anch'io vantarmi un poco. Quello che dico, però, non lo dico secondo il Signore, ma come da stolto, nella fiducia che ho di potermi vantare. Dal momento che molti si vantano da un punto di vista umano, mi vanterò anch'io. Infatti voi, che pur siete saggi, sopportate facilmente gli stolti... Però in quello in cui qualcuno osa vantarsi, lo dico da stolto, oso vantarmi anch'io. Sono ebrei? Anch'io! Sono israeliti? Anch'io! Sono stirpe di Abramo? Anch'io! Sono ministri di Cristo? Sto per dire una pazzia, io lo sono più di loro: molto di più nelle fatiche, molto di più nelle prigionie, infinitamente di più nelle percosse, spesso in pericolo di morte... *Se è necessario vantarsi, mi vanterò di quanto si riferisce alla mia debolezza.*

«Perché non montassi in superbia per la grandezza delle rivelazioni, mi è stata messa una spina nella carne; un inviato di satana incaricato di schiaffeggiarmi, perché io non vada in superbia. A causa di questo per ben tre volte ho pregato il Signore che lo allontanasse da me. Ed egli mi ha detto: *"Ti basta la mia grazia; la mia potenza infatti si manifesta pienamente nella debolezza"*.

«Mi vanterò quindi ben volentieri delle mie debolezze, perché dimori in me la potenza di Cristo. Perciò mi compiaccio nelle mie infermità, negli oltraggi, nelle necessità, nelle persecuzioni, nelle angosce sofferte per Cristo: quando sono debole, è allora che sono forte» (2Cor 11,7.16-19.21-23.30; 12,7-10).

Nel capitolo settimo della sua Regola, san Benedetto mostra la scala dell'umiltà e i gradi per salirla, discendendo. Giungendo alla cima, al dodicesimo grado, dice precisamente:

«Il dodicesimo grado di umiltà si ha quando il monaco, permeato di umiltà nell'intimo del cuore, con modesto atteggiamento la manifesta anche in tutta la sua persona a coloro che lo vedono. Celebrando l'opera di Dio, trovandosi nell'oratorio, nel monastero, nell'orto, in viaggio, nei campi, ovunque insomma, sia quando è seduto che quando cammina o sta in piedi, egli tiene continuamente il capo chino, lo sguardo a terra, nella consapevolezza dei suoi peccati, sentendosi come uno che sta per comparire davanti al tremendo giudizio di Dio. *E così va ripetendo senza posa nel suo cuore le parole che il pubblicano del Vangelo diceva con gli occhi abbassati: "Signore, non sono degno, io peccatore, di alzare gli occhi al cielo"*» (RB 7,59-65).

San Benedetto propone dunque ai monaci – ma ciò vale anche per ogni battezzato – come modello di umiltà proprio il pubblicano della parabola del Vangelo, e afferma che si raggiunge il più alto grado dell'umiltà quando si arriva alla consapevolezza di essere peccatore e quindi si sta alla presenza di Dio e degli altri come l'*ultimo*.

Tutti noi desideriamo essere umili, non è forse vero? Sappiamo, infatti, che l'umiltà conferisce all'uomo un grande fascino soprannaturale, perché lo conforma a Cristo. Eppure concretamente facciamo tanta fatica ad accettare la vera umiltà che ci mette all'ultimo posto. Nell'intimo della nostra coscienza sentiamo che non siamo mai umili quanto dovremmo essere e soffriamo per le nostre incoerenze. Non ci accorgiamo, però, che l'umiltà potrebbe proprio consistere semplicemente nell'accettare i nostri limiti, nel continuare a constatare, senza scoraggiarsi e senza venir meno, che ci resta ancora tanta strada da fare e non smettere di fare, giorno dopo giorno, qualche passo, pur con molti inciampi. Se facilmente facciamo paragoni con gli altri usandoli in un certo senso – come il fariseo – per giustificare noi stessi e dicendo: « Io non sono come quelli, sono migliore », è evidente che non siamo convinti fino in fondo di valere poco.

Un Anziano del Monte Athos diceva: « Se fai confronti con gli altri, ti allontani da Cristo. La menzogna ha le sue radici nell'orgoglio; mentiamo per paura di essere riconosciuti per quello che siamo, deboli, peccatori, incapaci di amare tutti gli uomini.

«Se cerchi la verità, sradica in te tutto l'orgoglio. L'umiltà è la madre di tutti i beni. Pazienza, dolcezza, padronanza di sé, fiducia negli altri, tutti questi frutti dello Spirito germogliano sull'albero che ha come radici l'umiltà.

«Il Signore mostrò un giorno allo staretz Silvano come bisogna essere umili. Gli disse: "Tieni il tuo spirito all'inferno e non disperare". Bisogna scendere più in basso di tutti e qui sperare nella misericordia di Dio per tutti gli uomini».

È quello che fece Gesù. Con lui bisogna scendere più in basso di tutti e da quella bassezza, luogo di disperazione, sperare contro ogni speranza nella misericordia di Dio non solo per sé ma per tutti gli uomini, vedendo quindi negli altri non esseri spregevoli, ma il sacramento della presenza del Signore.

«Colui che vede Dio nel fratello si divinizza. Colui che ne vede solo il negativo, si può dire che si "demonizza"» (Jean Yves Leloup, *Parole dal Monte Athos,* EDB, Bologna 1982).

Queste parole possono sembrare troppo forti, ma sono semplicemente vere.

Dio infatti non disprezza nulla di ciò che ha creato; egli detesta il peccato, ma ama il peccatore; non spegne il lucignolo fumigante, non spezza la canna incrinata. Per questo non bisogna mai disperare, né per se stessi, né per i fratelli. Ognuno di noi può fare proprie le bellissime espressioni di sant'Agostino, che nel profondo abisso del suo peccato fece la più sconvolgente esperienza dell'amore di Dio e si lasciò trasfigurare dalla grazia.

«*Tardi ti ho amato,*
o bellezza tanto antica e tanto nuova,
tardi ti ho amato!
Ecco, tu eri dentro di me,
io stavo al di fuori:
qui ti cercavo e, deforme qual ero,
mi buttavo su quelle cose belle
che tu hai creato.
Mi chiamasti, gridasti,
e vincesti la mia sordità;
folgorasti il tuo splendore
e mettesti in fuga la mia cecità;
esalasti il tuo profumo, lo aspirai
e anelo a te;
ti degustai, e ora ho fame e sete di te;
mi toccasti,
e ora brucio di desiderio
per la tua pace.
Abbi pietà di me, Signore!

Ecco, non tengo nascoste le mie ferite:
Tu sei il medico, io l'infermo;
Tu sei il misericordioso, io la miseria»
(Confessioni X, 27-28).

Non dovevi anche tu avere pietà?

Il servo spietato
(Matteo 18,23-35)

Dopo aver accostato le parabole della misericordia riportate nel Vangelo secondo Luca, andiamo ora al pascolo nelle pagine dell'evangelista Matteo e consideriamo la parabola del servo spietato che ha come tema fondamentale il perdono delle offese.

Innanzitutto notiamo che essa è inserita nel discorso ecclesiastico all'inizio del quale troviamo il dialogo sulla delicata questione delle precedenze. Ai discepoli che domandano chi sia il più grande nel regno dei cieli, Gesù dà come risposta la norma della vita umile e semplice. Egli dichiara che per appartenere al regno dei cieli è necessario tornare come bambini. Il discorso poi si amplia e tocca il tema della correzione fraterna, della riconciliazione e della preghiera in comune, che è la chiave per trovare sempre la possibilità di restaurare il tessuto lacerato dalle «spine di contesa che solitamente sorgono in seno alla comunità» (RB 13,12).

A questo punto c'è l'intervento dell'apostolo Pietro: «*Signore, quante volte dovrò perdonare al mio fratello, se pecca contro di me? Fino a sette volte?*» (Mt 18,21). La risposta di Gesù è chiara: bisogna perdonare non sette volte, ma settanta volte sette, ossia con una generosità senza limiti, come a dire: sempre. Proprio per non rimanere nell'astrazione dei numeri, Gesù racconta una parabola:

«A questo proposito il regno dei cieli è simile a un re che volle fare i conti con i suoi servi. Incominciati i conti, gli fu presentato uno che gli era debitore di diecimila talenti» (Mt 18,23-24).

Diecimila talenti sono una somma enorme, così grande da lasciare gli ascoltatori costernati e quindi più attenti alla sorte di quel disgraziato debitore.

«Non avendo però costui il denaro da restituire, il padrone ordinò che fosse venduto con la moglie, con i figli e con quanto possedeva» (v. 25).

Era la legge di allora, in base a essa quel servo sarebbe rimasto per sempre schiavo, possesso del padrone. Davanti a questa tremenda sorte egli tenta l'impossibile:

«Gettatosi a terra, lo supplicava: Signore, abbi pazienza con me e ti restituirò ogni cosa. Impietositosi del servo, il padrone lo lasciò andare e gli condonò il debito» (vv. 26-27).

Notiamo che il padrone non soltanto concede la dilazione che gli era stata chiesta, ma condona il debito; da quel momento il servo non avrebbe più dovuto dare niente ed egli stesso sarebbe rimasto libero. Qui termina la prima scena cui segue immediatamente la seconda in netto contrasto con la precedente.

A differenza di quanto ci si aspetterebbe, quel servo non va a far festa (come invece avevano fatto i personaggi delle parabole precedenti); egli non si sente spinto a essere generoso con gli altri, nonostante sia stato oggetto di così larga misericordia. Al contrario, *appena* uscito, trovando un altro servo, suo collega, che gli doveva cento denari, cioè un'inezia, lo tratta con spietata durezza. Senza aspettare neppure un attimo, senza concedere una minima dilazione, lo afferra, quasi lo soffoca, intimandogli di pagare quel che gli deve (cfr. v. 28). Il collega, sperando nella sua compassione, «*gettatosi a terra lo supplicava dicendo: abbi pazienza con me e ti rifonderò il debito*» (v. 29). È la stessa preghiera che il servo spietato aveva rivolto al suo padrone; egli, però, non si lascia impietosire. «*Non volle esaudirlo, andò e lo fece gettare in carcere, fino a che non avesse pagato il debito*» (v. 30). La sproporzione è enorme, eppure non se ne rende conto. Ma c'è chi vede e considera.

«Visto quel che accadeva, gli altri servi furono addolorati e andarono a riferire al padrone tutto l'accaduto. Allora il padrone fece chiamare quell'uomo e gli disse: servo malvagio, io ti ho condonato tutto il debito perché mi hai pregato. Non dovevi forse anche tu aver pietà del tuo compagno, come io ho avuto pietà di te? E, sdegnato, il padrone lo diede in mano agli aguzzini, finché non gli avesse restituito tutto il dovuto» (vv. 31-35).

A questo punto Gesù conclude la parabola collegandola al discorso del perdono e al nostro rapporto con Dio:

«Così anche il mio Padre celeste farà a ciascuno di voi, se non perdonerete di cuore al vostro fratello» (v. 35).

Il paragone, dunque, è tra noi e Dio, tra il debito che noi abbiamo con Dio e i debiti che possiamo avere tra di noi. Il primo è incalcolabile, i secondi, in confronto, sono inezie. Il primo ci è stato condonato con la morte di Gesù in croce e con la continua offerta del perdono attraverso il sacramento della riconciliazione. Per quanto riguarda i secondi, essi sono affidati alla nostra libertà, al nostro riconoscimento di essere dei «graziati» e alla nostra sensibilità e compassione. Sappiamo condonare i debiti del nostro prossimo, o li scriviamo con caratteri indelebili sul libro dei conti?

Nell'Antico Testamento il perdono aveva un limite ed era richiesto dalla legge soprattutto verso i fratelli, mentre verso gli stranieri si poteva essere più esigenti; inoltre era ancora tristemente in vigore la vendetta, e la legge del taglione era purtroppo rigidamente osservata. Una persona offesa non solo poteva, ma doveva vendicarsi per salvare la propria dignità e quella della propria famiglia e tribù.

Gesù capovolge tutto. La vendetta è il più grande fallimento, la più grande meschinità che l'uomo possa compiere, perché l'onore sta nell'amore, nella gratuità, nell'essere magnanimi verso gli altri, così come Dio lo è con noi. Secondo lo spirito del Vangelo, la dignità dell'uomo sta nel saper condonare i debiti al prossimo, nel vedere tutti quali nostri fratelli e comportarsi con loro come si vorrebbe essere trattati in analoghe circostanze. Tutti – anche l'avversario – sono nostro «prossimo», perché tutti siamo stati graziati dall'unico Dio, Signore onnipotente e Padre misericordioso.

La meschinità del cuore umano davanti alla magnanimità del cuore di Dio si spiega soltanto con la non consapevolezza del proprio debito. È questo che porta inevitabilmente alla durezza, a non avere pietà degli altri.

I santi hanno invece una chiara percezione della propria povertà, un senso acuto del proprio peccato, si sentono i più debitori di tutti e per questo sono più capaci di perdonare.

Chi più si sente debitore, più diventa misericordioso, compassionevole. Si può essere spietati solo se, non avendo una vera conoscenza di sé, ci si ritiene giusti e, di conseguenza, non si è ancora veramente scoperto il volto del Dio misericordioso, che è gratuito e pietoso verso tutti. Si potrebbe notare che in realtà il servo spietato aveva fatto esperienza diretta della misericordia; eppure è anche vero che talvolta il condono o il perdono ricevuto viene considerato paradossalmente come un diritto, non come un dono: il cuore allora non si lascia trasformare dalla grazia, rimane ancora duro, chiuso in se stesso. Perché l'uomo caduto nel peccato e reso schiavo delle passioni possa diventare misericordioso, è necessaria un'esperienza profonda e prolungata della misericordia, dell'amore gratuito, come i raggi di sole devono riscaldare a lungo la terra perché i semi germoglino e le messi maturino.

Tutta la nostra esistenza è un debito, ma tutta la nostra esistenza può diventare un credito nella misura in cui condoniamo agli altri gli eventuali debiti verso di noi. Non riusciremo mai a corrispondere all'amore di Dio in misura adeguata, però se ci impegniamo a riversare nel prossimo l'amore che riceviamo, il nostro debito diminuisce, perché attraverso il prossimo corrispondiamo a Dio.

Noi non possiamo in nessun modo pagare il nostro debito, ma possiamo cancellare i debiti che gli altri hanno verso di noi; e il Signore ci chiede proprio soltanto di essere pietosi gli uni verso gli altri.

Nella preghiera del Padre nostro Gesù ci fa dire: «*Rimetti a noi i nostri debiti, come noi li rimettiamo ai nostri debitori*». San Paolo poi dirà: «*Non abbiate alcun debito tra di voi se non quello di un amore vicendevole*» (cfr. Rm 13,8). L'unico modo di «pagare» il nostro debito è quello di usarci reciprocamente una sempre più grande carità. Se facciamo così, il Signore attribuisce come dato a sé questo dono, questo per-dono, cioè lo tiene in conto come se avessimo dato a lui una moneta e conferisce a questa moneta un valore immenso, come l'obolo della vedova.

Tuttavia noi non sapremmo perdonarci se non ci fosse data la capacità di amare *con tutto il cuore*. Infatti il perdono non consiste semplicemente nel permettere che gli altri non ci restituiscano quello che ci devono – in senso morale, materiale, spirituale – ma consiste anche nel dare loro un più grande amore. Non basta dire: «Di quella offesa non se ne parli più», escludendo però poi dal cuore anche il fratello. Non basta rinunciare alla vendetta e non costringere a risarcire i danni. Non è questo il condono che il Signore ci chiede di scambiarci reciprocamente. Occorre perdonare *come* egli ci ha perdonato, ossia offrendo un più grande amore, dando il nostro cuore e accogliendo nel nostro cuore il fratello che ci ha offeso o che in qualsiasi modo ci ha causato sofferenza.

È questo il segreto del perdono cristiano: dare il proprio cuore a colui che ci è debitore; dare amore per suscitare amore. Non è cosa facile! Occorre vigilare attentamente su se stessi perché si possono tenere nel cuore sentimenti duri che escludono un fratello magari per anni e anni, persino fino al momento della morte, se non addirittura – cosa terribile! – anche quando una persona è già morta. Guai a noi se neanche il pensiero del supremo incontro che avremo con Dio, Giudice misericordioso ma pure giusto, ci fa prendere consapevolezza della nostra durezza di cuore, della nostra incapacità di amare!

Ricordo di aver ricevuto tempo fa una lettera in cui mi si chiedeva di pregare per una persona anziana che stava conducendo una vita tanto infelice e insoddisfatta. Nessuno riusciva a capire il motivo di quella terribile tristezza, perché apparentemente non aveva problemi né particolari difficoltà, eppure egli era scontento, insoddisfatto, infelice, amaro con tutti. Un giorno, però, quasi senza accorgersene, egli uscì con parole rivelatrici del suo male profondo: «Non posso perdonare a mio fratello di essere morto senza lasciarmi niente, proprio niente, e di non avermi così restituito un prestito che gli avevo fatto. Il debito che aveva con me è rimasto insoluto». E pensare che quest'uomo è scapolo e non ha bisogno di soldi, anzi, ne ha in abbondanza.

È un fatto impressionante. Suo fratello è morto e non gli ha lasciato nulla: probabilmente era uno che sperperava…, ma all'inferno si è messo lui, il sopravvissuto, conservando il rancore nel cuore. Non sa perdonare, perché non sa amare, e non sa amare perché è schiavo dell'egoismo, del dio denaro. Quel poco denaro che aveva prestato e non gli è stato restituito lo ha separato non solo dal fratello, ma anche da Dio.

Come potrà essere salvato, se non attraverso la preghiera della Chiesa che supplisce offrendo per lui il sangue preziosissimo di Cristo? Se non si ama gratuitamente il prossimo, *come* Dio ci ama, non si riesce a dominare i moti della natura: il risentimento, la collera, l'odio che insorge quando si è feriti e offesi. Soltanto se accogliamo in noi l'amore stesso di Dio diventiamo capaci di non ritenere alcuno nostro debitore, e anche capaci di amare di più quelli che non ci amano.

Vi sono innumerevoli esempi di persone che, con la grazia di Dio, hanno saputo porre la carità al primo posto. C'è tanta santità nascosta che un giorno si manifesterà come luce trionfante sulle tenebre del male. Questo fa sì che l'alba del giorno nuovo già cominci a rischiarare l'oscurità della notte.

Ascoltiamo una toccante testimonianza:

«Io sono uno dei pochi scampati dal bastione Troubetzkoy, dove eravamo stati gettati a centinaia, come bestie. Nella mia cella non potevamo nemmeno sederci tutti insieme. Tra noi c'era padre Alessandro, che godeva, in paese, di una pessima reputazione. Era lo scandalo della regione; tutti lo prendevano in giro.

«Quando un giorno me lo vidi cadere nella nostra cella come un sacco di patate, provai un senso di compassione. Noi eravamo tutti ufficiali, con il senso dell'onore. Da parte mia, ciò che mi teneva in riga era il mio giuramento: quegli sbirri non mi avrebbero visto tremare al muro! L'avevo giurato a me stesso. Ora, quel povero beone introduceva una dissonanza nel nostro tacito accordo di intrepido stoicismo. Abbiamo fatto presto ad accorgerci che si trovava in uno stato pietoso. Gli era stata strappata la barba a metà, la parte bassa del volto sanguinava. Accucciato in un angolo, ansimava. Si alzò soltanto verso sera quando vennero distribuite le aringhe. Allora potemmo osservare il suo volto orribilmente tumefatto e coperto di grumi di sangue. "Fratelli – disse – preghiamo per coloro che ci perseguitano". Lentamente, con calma, recitò la preghiera del Signore, sottolineando con la voce le parole: "Rimetti a noi i nostri debiti, come noi li rimettiamo ai nostri debitori". Nonostante la nostra scarsa fede, era tale il rispetto che ci era stato inculcato per i preti, che nessuno fiatò e, a poco a poco, tutti si unirono alla preghiera. Il mattino successivo il poveretto venne trascinato nuovamente davanti al tribunale. Ritornò irriconoscibile. Ne fummo sconvolti: il poveretto non si lamentava. Mi colpiva, soprattutto, il fatto che non imprecasse mai contro i suoi carnefici; anzi, tutte le sere ci invitava a pregare per loro. Qualcuno ne era quasi annoiato, altri invece lo assecondavano volentieri; nessuno, comunque, protestava.

« Ogni giorno ritornava dagli interrogatori più martoriato e la sua figura di sacerdote ogni giorno più ingigantiva ai nostri occhi. Tutti stavano subendo il suo ascendente e pregavano con lui... Quando nel cortile si scatenava il rombo dei motori, egli recitava invariabilmente le preghiere per gli agonizzanti e ci benediva tutti, vittime e carnefici.

« Resistevamo, ma eravamo alla fine. Come sottile veleno la disperazione stava paralizzando la nostra anima. Una sera, quando qualcuno, più degli altri esasperato, cominciò a imprecare chiamando in causa Dio e sfiorando la bestemmia, padre Alessandro bruscamente si alzò e lo fece tacere con gesto imperioso. Mai dimenticherò la sua figura coperta di stracci, ma investita da un'arcana maestà. Mi sembrò trasfigurato! Con una voce singolarmente ferma, intonò il *Padre nostro*. Unimmo le nostre voci alla sua con un crescendo tale da rompere i timpani. Subito dalle altre celle si unirono al canto gli altri prigionieri con un fervore incoercibile e l'immensa preghiera corale avvolse tutta la prigione. Attraverso lo spioncino vedemmo accorrere, come pazzi, i guardiani sconcertati da quel coro unanime che, nelle volte sonore della fortezza, risuonava solenne come nelle navate di una cattedrale. Di cella in cella, migliaia di voci facevano risuonare il canto della fede; al limite di ogni speranza umana sembrava brillare come un'aurora l'eterna speranza; attraverso le nostre bocche di condannati tutto un popolo imbavagliato proclamava la sua fede.

«Quando arrivammo al punto in cui si chiede il perdono che Dio accorda soltanto a coloro che sanno perdonare, accadde qualcosa di inatteso. I due guardiani si arrestarono di botto, come colpiti da sbalordimento e da spavento: tolsero lentamente il copricapo e non si mossero più fino al termine della preghiera. Per qualche secondo padre Alessandro aveva trasformato anche i cuori dei nostri carnefici.

«Ora noi cercavamo la sua compagnia, gli confidavamo i segreti delle nostre anime. Non ci diceva niente di straordinario, appariva fin troppo evidente che il suo bagaglio teologico era povero, ma conosceva a memoria il Vangelo e da esso non derogava mai: "Ciò che è scritto è scritto". Per lui perdonare i persecutori era la cosa più semplice perché il Signore l'aveva comandato. Non sospettava minimamente di essere un eroe; d'altra parte, non si preoccupava neppure molto del suo passato. "Sono un ubriacone – mi disse un giorno – ma la misericordia è più grande dei miei peccati". In fondo, non aveva neanche il tempo di pensare a sé perché si occupava solo di noi, aiutandoci a morire non solo "dignitosamente", ma in Dio.

«Finché venne anche il suo turno. Giustamente aveva sempre detto: "Preghiamo per coloro che ci perseguitano". Crivellato di pallottole, cadde riverso nella fossa che aveva scavato. Apparentemente, l'incidente era chiuso. E invece... sapete che è a padre Alessandro che devo la mia conversione? Senza questo prete ortodosso, io, oggi, non sarei cattolico» (Maria Winoswska, *Dio sa attendere,* C.V.S., Roma, s.d. pp. 39-44 passim).

È questa conversione comunitaria, ecclesiale, universale che il Signore sempre attende da noi e in molti modi la suscita, talvolta proprio mentre lo offendiamo e lo colpiamo ferendo i nostri fratelli.

Il Padre ha mandato il suo Figlio diletto per riversare più amore là dove regna la morte perché manca l'amore. Tuttavia chi si ostina a rifiutare l'amore, a non convertirsi, a non pentirsi – cioè a non lasciarsi perdonare – si chiude in un carcere a vita. Forse l'inferno, come diceva Bernanos, è proprio questo radicale, ostinato rifiuto dell'amore: non accogliere e non dare amore. Se non si crede all'amore, infatti, si diventa incapaci di entrare e rimanere in relazione con Dio e con il prossimo da veri uomini, con quell'umiltà che contraddistingue chi si riconosce fallibile, debole e fragile, ma, per grazia di Dio, redento e perciò ricolmo di gioia nel profondo del cuore. Il nostro enorme debito è stato pagato dal sangue di Cristo versato per farci recuperare la dignità di figli di Dio e per renderci ancora capaci di amare.

Uniti a Cristo, noi possiamo ricevere sempre il perdono e avere la capacità di perdonare senza misura. Questo ci introduce già nella gioia del regno dei cieli, nella pasqua eterna, nella festa della redenzione di tutto il genere umano ristabilito nella sua dignità di famiglia di Dio.

Se vogliamo avere sempre la gioia nel cuore, apriamoci tutti i giorni a ricevere umilmente il perdono e chiniamoci misericordiosamente a donare il perdono, non lasciando mai che in noi si sedimenti un minimo sentimento di durezza, di risentimento, di rancore. Sradicando il male al suo insorgere faremo l'esperienza della più grande libertà e beatitudine. Altrimenti affonderemo in quella nera solitudine che è la chiusura a Dio e al prossimo. Se escludiamo dal nostro cuore il prossimo, allontaniamo anche Dio. Egli, infatti, dimora in noi, se insieme a lui diamo accoglienza anche ai nostri fratelli.

La parabola che abbiamo ascoltato susciti in noi il desiderio di lasciarci illuminare e rinnovare. Con profondo e sincero pentimento, riconosciamo i nostri peccati e attingiamo in abbondanza alla divina fonte dell'amore per donarcelo gli uni agli altri e godere insieme dell'infinita bontà di Dio.

Padre nostro misericordioso
che ci perdoni senza misura,
fa' che anche la nostra misura
di amare e perdonare
non abbia limiti!

Donaci la gioia semplice e pura
di riconoscerci tutti riscattati
al caro prezzo del sangue del tuo Figlio,
e di non esigere mai dagli altri
più di quanto noi non sappiamo dare.
Per Cristo nostro Signore. Amen.

Indice

Collana

Coltivare la Parola

Le *lectio* della Madre Cànopi sulle pagine più belle e significative della Bibbia per imparare a «coltivare la Parola» e crescere spiritualmente con la sacra Scrittura secondo il famoso assioma dei Padri della Chiesa: «*Scriptura crescit cum legente*».

1. *I miei occhi han visto la tua salvezza.* Lectio divina *sui Vangeli dell'infanzia di Gesù*
2. *Beati i poveri... Beati...* Lectio divina *sulle Beatitudini*
3. *Questa parabola la dici per noi?* Lectio divina *sulle parabole della misericordia*

Anna Maria Cànopi

IL DESERTO DIVENTERÀ GIARDINO

Meditazioni sul Vangelo

Le meditazioni qui raccolte sotto questa immagine biblica quanto mai eloquente vogliono fissare lo sguardo su Gesù e tendere l'orecchio alla sua inconfondibile voce, per lasciar parlare lui solo, nello stupore di evocati e rinnovati incontri d'amore.

Ascoltare il Vangelo con semplicità di spirito opera il miracolo più inatteso: la povertà dell'uomo, toccata dalla grazia, diventa terra feconda capace di produrre frutti di bontà – anzi, il Frutto benedetto – da offrire ad altri poveri spesso immersi nell'angoscia di aride solitudini, perché possano sentirsi chiamati a fiorire nel Regno della vita senza fine.

Paoline
EDITORIALE LIBRI

Anna Maria Cànopi

I MIEI OCCHI HAN VISTO LA TUA SALVEZZA

Lectio divina sui Vangeli dell'infanzia di Gesù

Alla scuola dei grandi e silenziosi cercatori di Dio, una *lectio* per «vedere Dio» non soltanto con la mente, ma con tutto il nostro essere, anche con gli occhi del nostro corpo. Lo vedremo, però, se come Zaccaria, Elisabetta, Maria, Giuseppe, Simeone, Anna, i pastori, i Magi... avremo il cuore umile e puro, docile allo Spirito Santo che ci conduce di stupore in stupore là dove tutto è gioia.

Gesù è venuto proprio per rivelarci questo dolce mistero. Mediante il sacramento della sua umanità egli ci attira al Padre per farcelo contemplare, ora nelle nube luminosa della fede, poi nel pieno splendore della gloria.

Paoline
EDITORIALE LIBRI

Anna Maria Cànopi

BEATI I POVERI... BEATI...

Lectio divina sulle Beatitudini

Meditare sulle Beatitudini significa intraprendere un cammino di radicale conversione, aprirsi a una mentalità nuova che apprezza e desidera proprio quanto il mondo rifiuta. È una salita ardua che nessuno da solo potrebbe compiere. Ma Gesù, posando il suo sguardo su di noi, ci ammaestra e ci attira vicino a sé per farci conoscere le cose più intime e profonde del mistero del regno dei cieli.

Saliamo dunque con Gesù sulla montagna per stare alla sua presenza e metterci in ascolto della sua Parola.

Paoline
EDITORIALE LIBRI

Stampa: Leva spa Arti Grafiche - Milano 2004